Aprendo a colocar

LOS ACENTOS ORTOGRÁFICOS

imaginador

Graciela S. de Vicenti
Aprendo a colocar los acentos ortográficos.
1ª. ed. Buenos Aires: Grupo Imaginador
de Ediciones, 2005.
32 p.; 28x20 cm.

I.S.B.N.: 950-768-510-3

1. Acentos Ortográficos-Educación de Niños Pequeños.
I. Título
CDD 372.632:649.1

I.S.B.N.: 950-768-510-3
Primera edición: abril de 2005
Última reimpresión: 1.500 ejemplares, octubre de 2005

Se ha hecho el depósito que establece la Ley 11.723

Bartolomé Mitre 3749
Ciudad Autónoma de Buenos Aires
República Argentina
IMPRESO EN ARGENTINA - PRINTED IN ARGENTINA

Aprendamos a acentuar.

Muchas veces, cuando piensan en las tildes (esas rayitas con las que se acentúan las palabras), ¿no les pasa que comienza a dolerles la cabeza...?

Todos querríamos saber cómo acentuar correctamente las palabras y no cometer errores.

¡A no desesperar! Éste es un problema que tiene solución. Sólo se trata de escribir con cierto grado de atención y recordar algunas reglas básicas.

En este libro vamos a conocer esas reglas para mejorar nuestra ortografía y vamos a practicar lo que aprendimos haciendo muchos y divertidos ejercicios. Adelante... ¡Podemos aprender a acentuar correctamente las palabras! ¡Sabremos qué palabras deben llevar tilde!

La sílaba tónica.

1 *Separen en sílabas las siguientes palabras:*

bandera :

brújula : compass

cartel :

cartucho :

estación :

examen :

lámpara :

maní :

máquina :

matemática :

pared :

trébol :

2 *A continuación, señalen con un círculo de color, en las mismas palabras del ejercicio anterior, la sílaba que está acentuada, independientemente de que lleve o no tilde. Por ejemplo:*

ban-(de)-ra

ma-(ní)

PARA RECORDAR

No todas las sílabas se pronuncian con el mismo énfasis. La mayor intensidad de pronunciación de una sílaba determinada, dentro de una palabra, se denomina **acento**. Esa mayor intensidad sobre una sílaba no siempre está marcada gráficamente. Cuando esto sucede, se lo denomina **acento prosódico**. Cuando aparece representado gráficamente, en cambio, se lo denomina **acento ortográfico** o **tilde**. La sílaba que contiene mayor intensidad con acento prosódico u ortográfico es denominada **sílaba tónica** y sólo hay una por palabra. Las sílabas restantes se denominan **sílabas átonas**, es decir, sin acento.

sílaba tónica = sílaba acentuada

El orden de las sílabas.

Antes de nombrar los diferentes tipos de palabras que existen, es necesario clasificarlas de acuerdo con el orden de las sílabas. Vamos a explicárselos con el siguiente ejemplo:

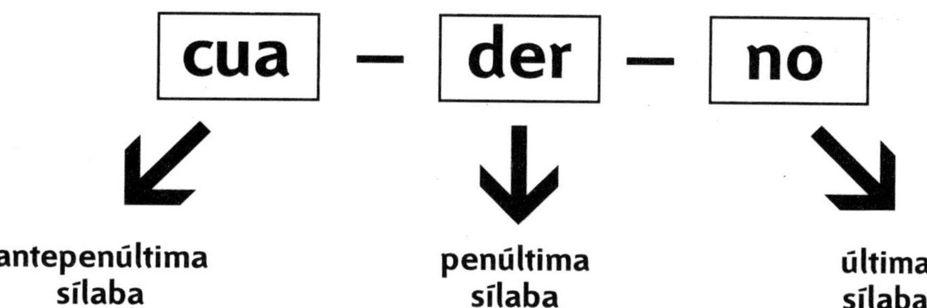

3 *Siguiendo esta clasificación, ubiquen en el siguiente cuadro las palabras que separaron en sílabas en el ejercicio 1. A continuación, les brindamos dos ejemplos.*

		Antepenúltima sílaba	Penúltima sílaba	Última sílaba
			car	tel
ma	te	má	ti	ca

PARA RECORDAR

- Acento sin tilde: acento prosódico (pa-(red))
- Acento con tilde: acento ortográfico (ma-(ní))

Cada grupo con su nombre.

Según el lugar que ocupe la sílaba tónica, las palabras se clasifican en:

Agudas: son aquellas palabras que poseen la **última** sílaba acentuada (tónica).

man-tel	pin-cel
ca-fé	car-tón

Graves: son aquellas palabras que poseen la **penúltima** sílaba acentuada (tónica).

lin-da	es-tre-lla
ca-sa	ár-bol

Esdrújulas: son aquellas palabras que poseen la **antepenúltima** sílaba acentuada (tónica).

pá-gi-na	má-qui-na
mú-si-ca	gé-ne-ro

Sobreesdrújulas: son aquellas palabras que que poseen la sílaba **anterior a la antepenúltima** acentuada (tónica).

re-pí-ta-me-lo	llé-va-te-lo
vén-da-se-lo	bé-be-te-lo

4 *Señalen con color la sílaba acentuada (con y sin tilde) en las siguientes palabras. A continuación, completen el cartel indicando a qué tipo de palabras (agudas, graves o esdrújulas) pertenece cada uno de los grupos.*

a-mar	can-ción	ca-mión	man-dril	re-vés	→ PALABRAS ....
juz-ga-ré	a-de-más	la-drar	bam-bú	mar-fil	

pla-ne-ta	li-quen	po-e-ma	pe-la-je	puer-ta	→ PALABRAS ....
dé-bil	cue-lo	dra-ma	em-ple-a-do	i-ta-lia-no	

car-tí-la-go	pe-lí-ca-no	cí-vi-co	cú-bi-co	pé-si-mo	→ PALABRAS ....
mís-ti-co	ri-quí-si-mo	es-pá-tu-la	cán-ti-co	hú-me-do	

Reglas de acentuación.

LAS PALABRAS AGUDAS.

Marta va a comprar algunas cosas. Antes de salir de su casa, decidió hacer una lista de lo que necesita, para no olvidar nada.

Separen en sílabas las siguientes palabras y señalen con un círculo la sílaba acentuada.

arroz:	perejil:	delantal:	balón: ....
coliflor:	café:	ventilador:	jabón: ....
licor:	limón:	colchón:	almohadón: ....

a) ¿De qué clase o tipo de palabras se trata? ....

b) ¿Todas llevan tilde, es decir, acento ortográfico? ....

c) ¿En qué letras terminan las palabras de la lista que llevan tilde? ....

d) Imaginen una regla de acentuación para las palabras agudas revisando todas las preguntas que acaban de responder.

Las palabras **agudas** llevan **tilde** cuando terminan en **n**, **s** o **vocal**.

para tener en cuenta...

*Las palabras agudas terminadas en **s**, pero precedidas de otra consonante no llevan tilde. Ejemplos: zigzags, robots, tictacs.*

LAS PALABRAS GRAVES.

Después del primer día de clases, Matilde regresó a su casa y escribió en su Diario lo más importante que le había sucedido.

Querido **Diario**:

Hoy comenzaron las **clases**. El **patio** está como siempre, el **mástil** y la **bandera** justo en el centro sobre una base de cemento recién pintada. Más allá el **pino**, las **violetas**, las **rosas**, los **narcisos** y el **algarrobo** con sus **hojas** hermosas. Comencé a caminar por el jardín y, en el medio del **césped**, encontré un trébol de la buena suerte. ¡Qué alegría! Empezar el año así me puso muy contenta.

Más tarde, en el primer **recreo**, nos dieron la **leche** con **azúcar** que me gusta tanto. Lo único malo que me sucedió es que ya perdí el **lápiz** negro que me compró mamá. ¡Hasta mañana, Diario!

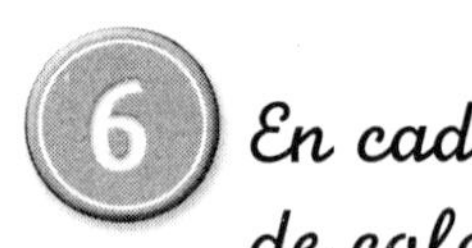

En cada una de las palabras destacadas, marquen con un círculo de color, la sílaba acentuada (tónica).

a) ¿De qué clase o tipo de palabras se trata? ....

b) ¿Todas llevan tilde, es decir, acento ortográfico? ....

c) ¿En qué letras terminan las palabras de la lista que llevan tilde? ....

d) Imaginen una regla de acentuación para las palabras graves revisando todas las preguntas que acaban de responder.

Las **palabras graves** llevan **tilde** cuando terminan en consonante **distinta** de **n** o **s**.

para tener en cuenta...

- *Cuando una palabra grave finaliza en dos vocales, una cerrada tónica y una abierta átona, lleva tilde aunque vaya seguida de **n** o **s**. Ejemplos: río, gentío, habría, terminaría.*
- *Cuando una palabra termina en un diptongo y le sigue la letra **s**, lleva tilde. Ejemplos: amaríais, cortaríais, beberíais, temeríais.*
- *Llevan tilde las palabras graves terminadas en **n** o **s** cuando esa letra está precedida de otra consonante. Ejemplos: bíceps, fórceps.*

LAS PALABRAS ESDRÚJULAS.

A Verónica le gustaba quedarse en su cuarto leyendo las historias más fantásticas...

Verónica se acercó a la ventana, pues quería escuchar mejor el canto de los **pájaros**, que trinaban posados en las ramas de los **árboles**.

Al abrirla, una suave brisa entró en la habitación y agitó suavemente las **páginas** del libro que estaba leyendo.

Era su historia favorita: la de Alí Babá y los cuarenta ladrones, y ella acababa de leer aquellas palabras **mágicas** con que el jefe de los bandidos accedía a la cueva donde escondía sus tesoros... "**¡Ábrete, Sésamo!**".

7 *En cada una de las palabras destacadas, marquen con un círculo de color la sílaba acentuada (tónica).*

a) ¿De qué clase o tipo de palabras se trata? ....

b) ¿Todas llevan tilde, es decir, acento ortográfico? ....

c) ¿En qué sílaba se acentúan? ....

d) Revisen todas las palabras esdrújulas e imaginen una regla de acentuación para ellas.

Las **palabras esdrújulas siempre** llevan **tilde.**

LAS PALABRAS SOBREESDRÚJULAS.

Las palabras sobreesdrújulas siempre llevan tilde y son aquellas que se acentúan en la **sílaba anterior a la antepenúltima**. Podemos encontrar dos clases de palabras:

terminados en -**mente**. El adverbio conserva la tilde del adjetivo de origen.

Ejemplos: *difícilmente* *fácilmente*

creadas de la composición de dos pronombres personales con una forma verbal.

Ejemplos: *cómetelo* *dígaselo* *cómpremelo*

8 *Completen el siguiente cuadro con cuatro palabras agudas teniendo en cuenta la referencia de cada columna.*

Nombres propios	Animales	Alimentos	Objetos de la casa
Ramón	león	pastel	sofá

9 *Las palabras que aparecen subrayadas son agudas. Transfórmenlas en palabras graves y escriban nuevas oraciones.*

Juan caminó hacia la escuela. → *El camino no será fácil.*

El hada buena **adivinó** el porvenir de Sabrina.

Por fin, en aquel país **reinó** la paz.

Martina **irá** al cine.

La abuela no deja de **revolver** la sopa.

Ese **bebé** es precioso.

10 *Observen la siguiente lámina y escriban los nombres de los objetos que sean palabras esdrújulas.*

Escriban las siguientes palabras en el cuadro según sean agudas, graves o esdrújulas.

jarrón	compás	carpeta
pólvora	esquina	lápiz
escuela	capítulo	camisa
médula	rúcula	tréboles
podrías	timón	celofán
librería	carteles	tablero
sábado	martes	miércoles

Agudas	Graves	Esdrújulas

Diptongos, triptongos y hiatos.

DIPTONGOS.

Para comenzar es necesario que recordemos la clasificación de las cinco vocales, según se abra o casi se cierre la boca al pronunciarlas.

Las vocales    se denominan **vocales abiertas**.

Las vocales   se denominan **vocales cerradas**.

El **diptongo** se forma cuando se encuentran juntas dos vocales dentro de la misma sílaba.
Las vocales que se unan deben ser:

Vocal cerrada + vocal abierta (Ejemplo: ai)
Vocal abierta + vocal cerrada (Ejemplo: ia)
Vocal cerrada + vocal cerrada (Ejemplo: ui)

Estas uniones de vocales reciben los siguientes nombres:

Diptongos decrecientes (de vocal abierta a vocal cerrada)

Son los diptongos formados por una vocal abierta y una vocal cerrada: **ai**, **ei**, **oi**, **au**, **eu**, **ou**. Cuando el diptongo decreciente -que finaliza en **i**- se encuentra al final de la palabra puede reemplazarse por **y**: **ay**, **ey**, **oy**.

Diptongos crecientes (de vocal cerrada a vocal abierta)

Son los formados por una vocal cerrada y una vocal abierta: **ia**, **ie**, **io**, **ua**, **ue**, **uo**.

Diptongos formados por dos vocales cerradas

Sólo permite dos combinaciones: **ui**, **iu**. Si se encuentra al final de la palabra, **ui** puede ser reemplazado por **uy**.

TRIPTONGOS.

El triptongo se produce cuando -en lugar de dos vocales- se unen tres vocales dentro de la misma sílaba. La vocal que se encuentra en el centro siempre es abierta, mientras que las que se encuentran en los extremos son cerradas. Las combinaciones posibles son siete.

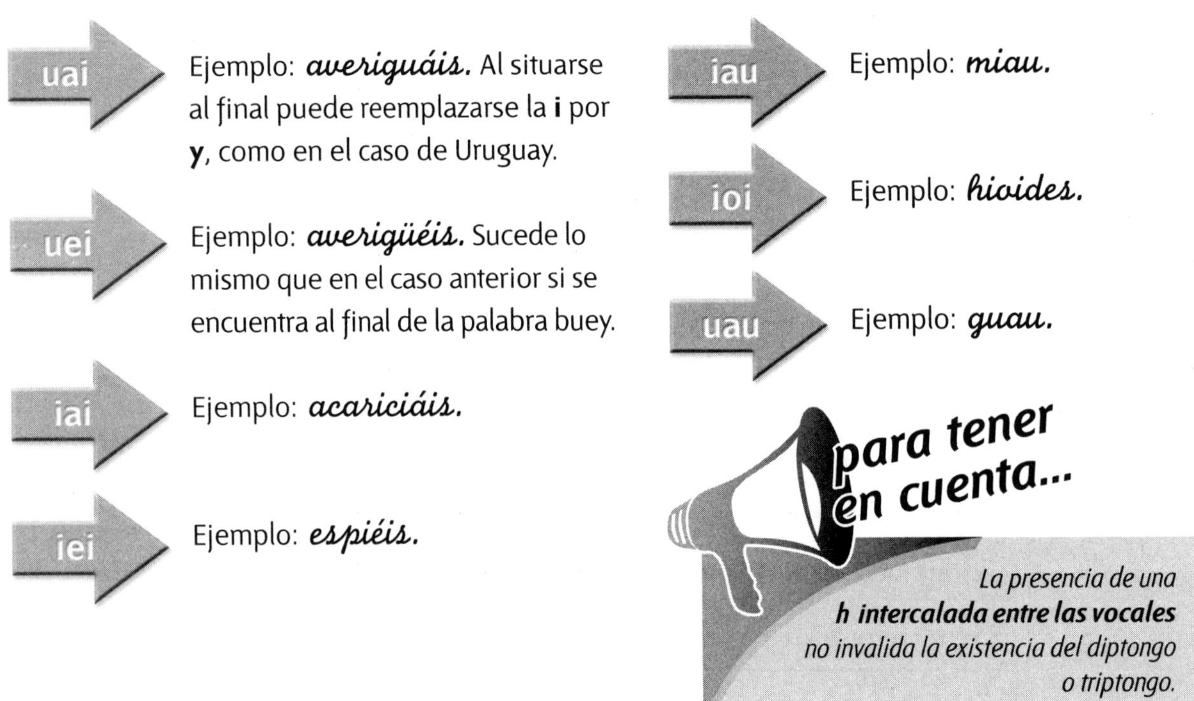

HIATOS.

Teniendo en cuenta lo que hemos aprendido hasta aquí sobre los diptongos podríamos decir que **el hiato** es lo opuesto, porque se trata del encuentro de dos vocales que no pertenecen a la misma sílaba. Existen dos clases de hiatos.

- **Se produce hiato cuando se encuentran dos vocales abiertas. Al separar en sílabas la palabra ambas vocales quedarán ubicadas, cada una, en una sílaba diferente.**

Ejemplo:

ma - re - a
sa - e - ta

- **Puede producirse cuando la vocal cerrada contiene tilde, con lo cual pierde así su condición de vocal cerrada.**

Ejemplo:

ver - du - le - rí - a
es - ta - dí - a

ACENTUACIÓN DE DIPTONGOS, TRIPTONGOS Y HIATOS.

• Cuando el diptongo es **creciente** (unión de vocal cerrada y abierta) o **decreciente** (unión de vocal abierta y cerrada) y la tilde recae sobre él, siempre **se coloca sobre la vocal abierta**.

Ejemplo:

comé<u>is</u>
archip<u>ié</u>lago
h<u>ués</u>ped

• Cuando el diptongo está conformado por **dos vocales cerradas** la tilde siempre **se coloca sobre la segunda vocal**.

Ejemplo:

c<u>uí</u>date
destr<u>uí</u>
instr<u>uí</u>

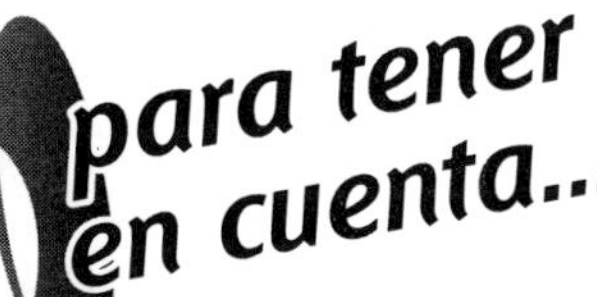

• *No se escribe tilde sobre diptongos que correspondan a monosílabos verbales. Ejemplo:* ***dio, fue, fui.***

• *La letra* ***y*** *precedida por una vocal, aunque se encuentre al final de la palabra, y conforme un diptongo, se considera consonante, por lo tanto* ***nunca lleva tilde****. Ejemplo:* ***virrey.***

Triptongos

• En los triptongos, si sobre ellos recae la **sílaba acentuada** (tónica), siempre se coloca tilde sobre la **vocal abierta ubicada en el centro**.

Ejemplo:

espiéis
ampliéis

• En el caso de las palabras agudas terminadas en triptongo con la letra **y**, al igual que en el caso citado para diptongos, ésta se considera consonante, por lo tanto, **no lleva tilde** (no se acentúa ortográficamente).

Ejemplo:

buey
Uruguay

Hiatos

• En los casos en que el hiato se compone por dos vocales abiertas, se colocará tilde siguiendo las reglas generales de acentuación (palabras agudas, graves y esdrújulas).

Ejemplo:

león
aéreo

• Cuando el diptongo, a causa de una tilde, deja de ser un diptongo para convertirse en hiato, sin dudas esta tilde debe estar sobre la vocal cerrada.

Ejemplo:

caída
reía

Ordenen estas letras que aparecen desordenadas para formar palabras con diptongos:

bonue	ecin	....	....
nmetiras	erugos	....	....
impilo	opjios	....	....
predia	vijae	....	....
ríaf	jievo	....	....
cisou		....	....
		....	

Lean las siguientes palabras, sepárenlas en sílabas y señalen, con un círculo de color, los diptongos.

misterio	canción	suciedad ....
hielo	hielera	rienda ....
ciudad	cuidado	Luis ....
rueda	ruedo	cueva ....
cielo	prueba	entiende ....
cientos	escuela	Manuela ....

Pídanle a un amigo que les dicte las siguientes oraciones:

a) El desvío hizo que el camino se hiciera muy largo.

c) Después de la función la mayoría del público aplaudió.

d) El baúl desapareció cuando lo bajamos del camión.

e) Las palabras de la actriz eran sumamente poéticas.

f) Los ejercicios de geometría fueron difíciles de resolver.

Cómo tildar los monosílabos.

Lean la siguiente copla:

Observen las palabras destacadas. ¿Por qué una se escribe con tilde y la otra no?

El burrito del camino,
cuando te acercas a él
se estremece tanto, tanto
que parece un cascabel.

artículo (acompaña al sustantivo)

pronombre (reemplaza al sustantivo)

PARA RECORDAR

Aunque por lo general, los monosílabos no llevan tilde, existe un grupo de palabras que se escriben de la misma manera, pero que tienen distinto significado y función. Y, por lo tanto, llevan tilde para diferenciarse y poder dar coherencia al texto escrito.

Analicemos en estas oraciones cuáles son los monosílabos que llevan tilde.

Señor conductor: respete las normas de tránsito, y dé paso a los peatones en las esquinas.

de → preposición

dé → verbo "dar" conjugado

El maestro tomó un libro de la biblioteca. Enseguida, él comenzó la lectura.

El → artículo

él → pronombre personal

Queremos preparar más panqueques, mas se acabó la harina.

más: adverbio de cantidad — mas: conjunción (pero)

A mí me parece que mi piano tiene desafinadas las notas mi y sol.

mí: pronombre personal — mi: pronombre posesivo — mi: sustantivo

Si me dan permiso, sí voy a ir.

Si: conjunción condicional — sí: adverbio de afirmación

Lo condujo hacia sí.

sí: pronombre reflexivo

Presenciamos un concierto para piano en si bemol.

si: sustantivo común

Pregúntale si quiere venir.

si: conjunción interrogativa indirecta

Sé buena y préstame la computadora. Yo sé cómo se usa el teclado.

Sé: verbo "ser" conjugado — sé: verbo "saber" conjugado — se: forma impersonal

Te preparé una taza de té con limón.

Te: pronombre personal — té: sustantivo

Tu amigo español me preguntó: ¿tú eres mexicano?

Tu: adjetivo posesivo — tú: pronombre personal

En la confitería tomamos ______ con leche y comimos dulces.

______ hace mucho frío, uso guantes, gorro y bufanda de lana.

La novia respondió ante el juez: ¡ ______ , quiero!

Yo ______ andar en patines.

Queremos ______ tostadas, ______ se nos terminó el pan.

¿ ______ parece que vayamos al cine?

¿ ______ puede andar a caballo en este campo?

16 Como en el ejercicio anterior, completen el siguiente diálogo con monosílabos.

–¡Hola María! ¿Cómo estás? Tanto tiempo... ¿ ______ parece que nos veamos el sábado?

– ______ . Te invito a casa a tomar el ______ .

–¿Viste las fotos de Santiago cuando recién había nacido?

–Es la misma cara de la abuela, aunque también ______ parece al padre.

–No ______ , porque también tiene la boca y los ojos de la madre.

–Bueno... ______ no hace mucho frío, también podríamos salir a andar en bicicleta.

–Me encantaría ______ tiene la cadena rota.

–No hay problema. Le pido a Juan la suya, que es ______ grande que la tuya.

Más palabras para aprender a tildar.

Esta palabra, **aún**, sólo lleva tilde si cumple la función de adverbio de tiempo. Una forma de reconocerla es reemplazarla por la palabra **todavía**.

No podremos salir porque aún llueve.

Aún tenemos pastel del cumpleaños de Paco.

Sin embargo, no llevará tilde si puede ser reemplazada por las conjunciones: **también**, **inclusive**, **hasta**, **ni siquiera**.

No confesó ni aun siendo amenazado.

Lo lograremos con tu servicio y aun sin él.

17 *Completen las siguientes oraciones con aún o aun, según corresponda.*

.... tenemos dos días más de campamento.

Estamos esperándolo ....

No lo llevará ni .... siendo regalado.

No lo haré ni .... por dinero.

¿Quieres salir .... ?

La palabra **sólo** llevará tilde cuando se trate de un adverbio equivalente a **solamente**.

Sólo tenemos comida para una semana.

Sin embargo, no llevará tilde cuando se trate de un adjetivo que haga referencia a la falta de compañía.

Lucas se quedó solo.

18 *Completen las siguientes oraciones con sólo o solo, según corresponda.*

Te has quedado ....

.... quiero un poco de pan.

Martina .... come chocolates.

Yo fui .... al baile.

Escribimos **porqué** cuando la expresión tiene la función de sustantivo. Por lo general va precedido por un artículo y puede ser reemplazado por expresiones verbales como: "el motivo" o "la causa".

El porqué de su enojo era desconocido por nosotros.

Por ser un sustantivo también puede usarse en plural.

No dijo los porqués de su renuncia.

Cuando la palabra se encuentra en una oración que tiene la función de dar una explicación escribimos **porque**.
Esta expresión puede ser reemplazada por: "pues" o "ya que".

No iré porque está lloviendo.

No cenaremos porque debemos estar livianas para la competencia.

Cuando queremos expresar una pregunta debemos escribir ¿**por qué**? La expresión debe poder ser reemplazada por: "¿por qué razón?"

¿Por qué no has llamado?

Ignoro por qué ha renunciado.

Cada vez que en la oración se hace referencia a un antecedente, debemos escribir **por que**, expresión que está compuesta de la preposición **por** y del pronombre relativo **que**. Esta expresión debe poder ser reemplazada por las siguientes expresiones "la cual", "lo cual", "las cuales", "los cuales'

Es el automóvil por que (por el cual) tanto ahorramos.

Completen las siguientes oraciones con porque, porqué, por qué o por que.

No sabemos ______________ está siempre enojado.
No conocía el ______________ de su actitud.
Tal vez lo haga ______________ está interesado.
Se asustó ______________ se caía de la escalera.
No sabemos el camino ______________ se ha ido.
¿ ______________ no has venido a la clase?
Pregunta ______________ camino llegaremos más rápido.
Esa es la casa ______________ pasamos.

Oraciones interrogativas y exclamativas.

Hay algunas palabras que sólo llevan tilde cuando se encuentran dentro de oraciones interrogativas y exclamativas. Pero no la llevan cuando no se encuentran en dichos casos. Veamos en cuáles podemos encontrarlas.

Quiero que me lo digas.

Dime qué es lo que prefieres.
¿Qué buscas?
¡Qué belleza!

Este es el vino del cual te hablé.
Es de ellos, de los cuales ya te hablé.

No sé cuál es tu saco.
¿Cuál es tu nombre?
¿Cuáles son los nuestros?

Pase, quien quiera que sea.
Sean quienes sean, que lo digan.

Ignoro quién lo dijo.
¿Quién es?
¿Quiénes llegaron?

Cuanta más agua haya,
será más fácil nadar.
En cuanto lo digas, lo sabré.

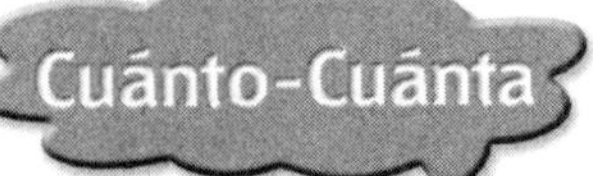

Yo me pregunto cuánto tardaremos
en llegar.
¿Cuántos años tienes?
¡Cuántos caramelos!

Cuando lo vi, lo reconocí.

¿Cuándo llegaremos?

Es grande como una casa.

No sé cómo lo haré.
¿Cómo te llamas?

Te seguiré adonde tú vayas.
Donde vayas, yo iré.

No sé dónde estaré.
¡Adónde irá ahora!
¿Dónde vives?

Lean las siguientes frases. Escriban tilde en las palabras interrogativas y exclamativas que la necesiten.

Él sabrá como debe hacerlo.

Yo sabré como hacerlo.

¿Tú sabes donde está mi saco?

No sé cual elegir de todos estos bombones.

¿Como lo supiste?

Ya sabemos cual es tu lápiz.

¡Cuanto ruido hay en esta casa!

Es el juguete por el cual ahorro.

¿Cuando llegó el pedido?

Recordó que lo había perdido.

Cuando lo vea, le aviso.

La tilde en pronombres demostrativos.

Los pronombres demostrativos no llevan tilde (no se acentúan ortográficamente) cuando actúan como atributos de sustantivos.

Ejemplo: *Esta cartuchera es mía.*
Los guantes han de estar dentro de aquellos canastos.

La lista de los **pronombres demostrativos** es extensa:

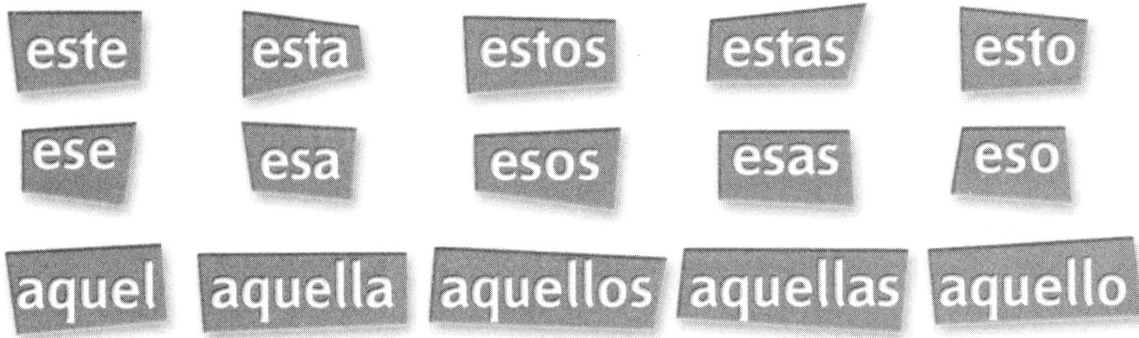

Sí es necesario que lleven tilde cuando reemplazan al sustantivo.

Ejemplo: *De esos discos, éste es mío y aquél es tuyo.*

21 *En las siguientes oraciones, señalen la opción correcta con un círculo de color.*

Este / Éste niño estudia mucho, pero **aquel / aquél** más.
Este / Éste libro es más claro que **ese / ése**.
Esta / Ésta caja es más grande que **esa / ésa**.
De **este / éste** libro, **esa / ésa** poesía es buena y **esta / ésta** regular.
En **este / éste** juego sobra **aquel / aquél**.

Acentuación de palabras compuestas.

Para colocar tilde en las palabras compuestas se deben tener en cuenta las siguientes reglas:

En el caso de que la palabra esté compuesta por dos palabras que llevan acento ortográfico, sólo debe llevar tilde la segunda o la última de esas palabras.

décimo + séptimo: decimoséptimo
encéfalo + grafía: encefalografía

Las palabras compuestas con prefijos y sufijos de origen griego, llevan tilde según las reglas generales de acentuación, considerándolas como un todo.

teléfono / audífono

Los adverbios compuestos por adjetivos y el sustantivo -**mente** llevan tilde si el adjetivo de origen lo llevaba.

frágil + mente: frágilmente
rápida + mente: rápidamente

PARA RECORDAR

Cuando dos palabras se unen con un guión ambas conservan su tilde o acento ortográfico.
Ejemplo: físico-química.

Palabras con sufijos.

Las formas verbales a las que se les añaden pronombres conservan la tilde que tenían cuando eran simples.

Los monosílabos verbales que no llevan tilde, si se convierten en palabras esdrújulas por agregárseles enclíticos, **sí** llevan tilde.

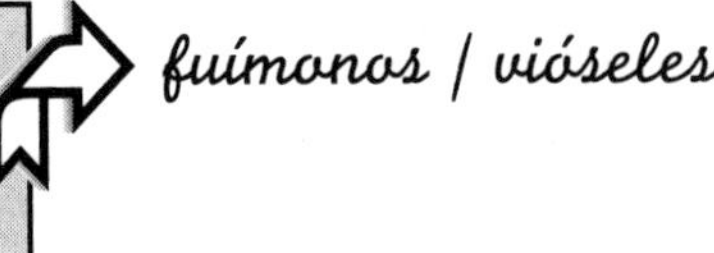

Cualquier expresión verbal que se convierta en palabra esdrújula lleva tilde.

recuérdame / estúdialo

PARA RECORDAR

- Las palabras conservan siempre la tilde en la misma sílaba al pasar al plural, con excepción de: régimen–regímenes y carácter–caracteres.
- Las letras mayúsculas deben llevar tilde siempre que les corresponda.
- Las expresiones verbales **FUE**, **FUI**, **VIO** y **DIO** no llevan tilde, por tratarse de monosílabos, aunque antiguamente sí lo llevaran.
- La conjunción "o", sólo lleva tilde cuando enlaza números, escritos con cifras y no con letras. Ejemplo: 10 ó 20.
- Las palabras latinas que han sido incorporadas al castellano, se acentúan siguiendo las reglas generales de acentuación.
- Las palabras y nombres propios de otros idiomas conservan su grafía original.
- Si se trata de nombres propios geográficos (topónimos) se sigue la norma anterior salvo que se haya españolizado el término. En este caso, se siguen las reglas generales de acentuación. Ejemplo: Milán (Milano).

Soluciones.

1 (Pág. 4)

- bandera: ban - de - ra
- brújula: brú - ju - la
- cartel: car - tel
- cartucho: car - tu - cho
- estación: es - ta - ción
- examen: e - xa - men
- lámpara: lám - pa - ra
- maní: ma - ní
- máquina: má - qui - na
- matemática: ma - te - má - ti - ca
- pared: pa - red
- trébol: tré - bol

2 (Pág. 4)

- bandera: ban - de - ra
- brújula: brú - ju - la
- cartel: car - tel
- cartucho: car - tu - cho
- estación: es - ta - ción
- examen: e - xa - men
- lámpara: lám - pa - ra
- maní: ma - ní
- máquina: má - qui - na
- matemática: ma - te - má - ti - ca
- pared: pa - red
- trébol: tré - bol

3 (Pág. 5)

		Antepenúltima sílaba	Penúltima sílaba	Última sílaba
			car	tel
ma	te	má	ti	ca
		es	ta	ción
			pa	red
		ban	de	ra
		brú	ju	la
			tré	bol
		má	qui	na
		lám	pa	ra
		car	tu	cho
			ma	ní
		e	xa	men

4 (Pág. 6)

amar, canción, camión, mandril, revés
juzgaré, además, ladrar, bambú, marfil
- Las palabras son AGUDAS.

planeta, liquen, poema, pelaje, puerta
débil, cuelo, drama, empleado, italiano
- Las palabras son GRAVES.

cartílago, pelícano, cívico, cúbico, pésimo
místico, riquísimo, espátula, cántico, húmedo
- Las palabras son ESDRÚJULAS.

Soluciones.

(Pág. 7)

a - rroz	pe - re - jil	de - lan - tal	ba - lón
co - li - flor	ca - fé	ven - ti - la - dor	ja - bón
li - cor	li - món	col - chón	al - moha - dón

a) ¿De qué clase o tipo de palabras se trata? **Agudas.**

b) ¿Todas llevan tilde, es decir, acento ortográfico? **No.**

c) ¿En qué letras terminan las palabras de la lista que llevan tilde? **En n** y **vocal.**

(Pág. 8)

Querido **Diario**:

Hoy comenzaron las **clases**. El **patio** está como siempre, el **mástil** y la **bandera** justo en el centro sobre una base de cemento recién pintada. Más allá el **pino**, las **violetas**, las **rosas**, los **narcisos** y el **algarrobo** con sus **hojas** hermosas. Comencé a caminar por el jardín y, en el medio del **césped**, encontré un trébol de la buena suerte. ¡Qué alegría! Empezar el año así me puso muy contenta.

Más tarde, en el primer **recreo**, nos dieron la **leche** con **azúcar** que me gusta tanto. Lo único malo que me sucedió es que ya perdí el **lápiz** negro que me compró mamá.

¡Hasta mañana, Diario!

a) ¿De qué clase o tipo de palabras se trata? **Graves.**

b) ¿Todas llevan tilde, es decir, acento ortográfico? **No.**

c) ¿En qué letras terminan las palabras de la lista que llevan tilde? **En d, l, r, z.**

7 (Pág. 9)

Verónica se acercó a la ventana, pues quería escuchar mejor el canto de los **pájaros**, que trinaban posados en las ramas de los **árboles**.

Al abrirla, una suave brisa entró en la habitación y agitó suavemente las **páginas** del libro que estaba leyendo.

Era su historia favorita: la de Alí Babá y los cuarenta ladrones, y ella acababa de leer aquellas palabras **mágicas** con que el jefe de los bandidos accedía a la cueva donde escondía sus tesoros... "**¡Ábrete, Sésamo!**".

a) ¿De qué clase o tipo de palabras se trata? **Esdrújulas.**

b) ¿Todas llevan tilde, es decir, acento ortográfico? **Sí.**

c) ¿En qué sílaba se acentúan? **En la antepenúltima.**

Soluciones.

9 *(Pág. 10) Estos son algunos de los ejemplos posibles:*

El hada buena **adivinó** el porvenir de Sabrina. / **Él es un adivino muy reconocido.**
Por fin, en aquel país **reinó** la paz. / **Nadie gobernó el reino mejor que él.**
Martina **irá** al cine. / **Ese hombre está perdido en su propia ira.**
La abuela no deja de **revolver** la sopa. / **El policía lleva su revólver.**
Ese **bebé** es precioso. / **Lucas bebe té con limón.**

10 *(Pág. 11)*

títere
espátula
pájaro
murciélago
lámpara
helicóptero
fósforos
lápices
teléfono

11 *(Pág. 12)*

Agudas	Graves	Esdrújulas
jarrón	escuela	pólvora
compás	podrías	médula
timón	librería	sábado
celofán	esquina	capítulo
	carteles	rúcula
	martes	tréboles
	carpeta	miércoles
	lápiz	
	camisa	
	tablero	

12 *(Pág. 16)*

bonue: bueno
nmetiras: mientras
impilo: limpio
predia: piedra
ríaf: fría
cisou: sucio
ecin: cien
erugos: suegros
opjios: piojos
vijae: viaje
jievo: viejo

Soluciones.

(Pág. 16)

mis - te - rio	can - ción	su - cie - dad	hie - lo	hie - le - ra	rien - da
ciu - dad	cui - da - do	Luis	rue - da	rue - do	cue - va
cie - lo	prue - ba	en - tien - de	cien - tos	es - cue - la	Ma - nue - la

(Pág. 19)

En la confitería tomamos té con leche y comimos dulces.
Si hace mucho frío, uso guantes, gorro y bufanda de lana.
La novia respondió ante el juez: *¡sí, quiero!*
Yo sé andar en patines.
Queremos más tostadas, mas se nos terminó el pan.
¿Te parece que vayamos al cine?
¿Se puede andar a caballo en este campo?

(Pág. 19)

–¡Hola María! ¿Cómo estás? Tanto tiempo... ¿Te parece que nos veamos el sábado?
–Sí. Te invito a casa a tomar el té.
–¿Viste las fotos de Santiago cuando recién había nacido?
–Es la misma cara de la abuela, aunque también se parece al padre.
–No sé, porque también tiene la boca y los ojos de la madre.
–Bueno... Si no hace mucho frío, también podríamos salir a andar en bicicleta.
–Me encantaría mas tiene la cadena rota.
–No hay problema. Le pido a Juan la suya, que es más grande que la tuya.

(Pág. 20)

Aún tenemos dos días más de campamento.
Estamos esperándolo **aún**.
No lo llevará ni **aun** siendo regalado.
No lo haré ni **aun** por dinero.
¿Quieres salir **aún**?

Te has quedado **solo**.
Sólo quiero un poco de pan.
Martina **sólo** come chocolates.
Yo fui **solo** al baile.

Soluciones.

(Pág. 21)

No sabemos **por qué** está siempre enojado.
Tal vez lo haga **porque** está interesado.
No sabemos el camino **por que** se ha ido.
Pregunta **por qué** camino llegaremos más rápido.
No conocía el **porqué** de su actitud.
Se asustó **porque** se caía de la escalera.
¿**Por qué** no has venido a la clase?
Esa es la casa **por que** pasamos.

(Pág. 23)

Él sabrá **cómo** debe hacerlo.
Yo sabré **cómo** hacerlo.
¿Tú sabes **dónde** está mi saco?
No sé **cuál** elegir de todos estos bombones.
¿**Cómo** lo supiste?
Ya sabemos **cuál** es tu lápiz.
¡**Cuánto** ruido hay en esta casa!
¿**Cuándo** llegó el pedido?

(Pág. 24)

Este niño estudia mucho, pero **aquél** más.
Esta caja es más grande que **ésa**.
En **este** juego sobra **aquél**.
Este libro es más claro que **ése**.
De **este** libro, **esa** poesía es buena
y **ésta** regular.

Índice.

Este libro se terminó de imprimir en
MUNDO GRÁFICO S.R.L.
Zeballos 885 - Avellaneda
Octubre de 2005